ALPHABET

EN

IMAGES.

PARIS.
A LA LIBRAIRIE UNIVERSELLE ET RELIGIEUSE.
1830

A	*a*	a	B	*b*	b
C	*c*	c	D	*d*	d
E	*e*	e	F	*f*	f
G	*g*	g	H	*h*	h
I	*i*	i	J	*j*	j
K	*k*	k	L	*l*	l
M	*m*	m	N	*n*	n

O	*o*	o	**P**	*p*	p
Q	*q*	q	**R**	*r*	r
S	*s*	s	**T**	*t*	t
U	*u*	u	**V**	*v*	v
X	*x*	x	**Y**	*y*	y
Z	*z*	z	Æ æ OE œ W w Ç ç		

é è ê ' - . , ; : ? ! § ( ) [ ]

1 2 3 4 5 6 7 8 9 0

A a

ange.

B b

bateau à vapeur.

C c

chien
de chasse.

D d

duel

E e

Etna (Mont)

F f

fleurs

G g
grenouille

H h
hanneton

I i
image

J j

jardinage

K k

kalmouck

L l

lyre

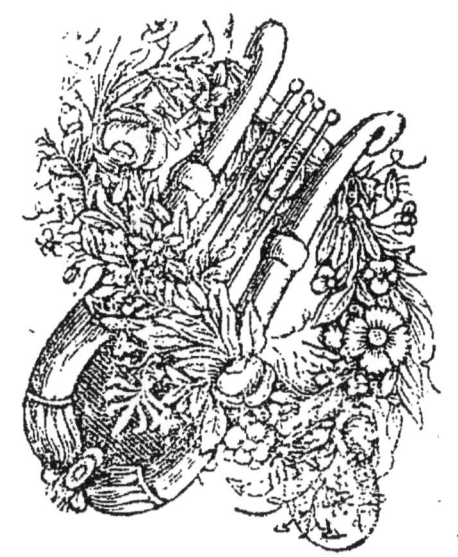

M m

mont
Saint-Michel

N n

nègre

O o

oiseau

P p
pont

Q q

R r
ruche

S s

serpent

T t

tombeaux

U u

urne

V v

vente
à l'enchère

X x

Y y

yole

Z z

zèbre

A B C D E F G H I J K L M N O P Q R S T
U V X Y Z

a b c d e f g h i j k l m n o p q r s t u v x y z

CONSONNES.

b c d f g h j k l m n p q r s t
v x z.

VOYELLES.

a e i o u y pour deux i.

ACCENTS.

Accent circonflexe (ˆ)
Accent grave (`)
Accent aigu (´)
Tréma (¨)

PONCTUATIONS.

Point (.)
Virgule (,)
Point et virgule (;)
Deux points (:)
Point d'interrogation (?)
Point d'admiration (!)
Apostrophe (')
Trait d'union (-)
Guillemet («)
Astérisque (*)
Parenthèses (())
Crochets ([])
Tiret —

SYLLABES

SONS SIMPLES PRÉCÉDÉS D'UNE ARTICULATION SIMPLE.

ba	be	bi	bo	bu	ab	eb	ib	ob	ub
fa	fe	fi	fo	fu	af	ef	if	of	uf
ga	ge	gi	go	gu	ag	eg	ig	og	ug
la	le	li	lo	lu	al	el	il	ol	ul
ma	me	mi	mo	mu	am	em	im	om	um
na	ne	ni	no	nu	an	en	in	on	un
pa	pe	pi	po	pu	ap	ep	ip	op	up
ra	re	ri	ro	ru	ar	er	ir	or	ur
sa	se	si	so	su	as	es	is	os	us
ta	te	ti	to	tu	at	et	it	ot	ut

PETITES PHRASES FACILES.

Remi ramena Lina.
Rose a une serine rare.
La serine amuse Aline.
Valery lira une ode de Racine.
Luce suça une cerise.
Le pape a vu la Sicile.
Cécile te dira la vérité.
La rue se borde de verdure.
Victor a perdu sa cornemuse.
Casimir a été sage à l'école.
Je t'exhorte à la vertu.
L'homme est né pour le travail.
Ce jeu ne me plaît pas.
Nordin a perdu son mouchoir.
Je lui apprendrai à chanter.

Le coucou chante toute la journée.
J'apprendrai quatre fables de Florian.
Chacun doit s'acquitter de son devoir.
La modestie sied bien à une jeune personne.
Ne t'approche jamais des voitures.
Prends garde aux chiens errans.
Garde-toi de faire du mal aux animaux.
Je n'ai jamais été grondé injustement.
Ce plaisir est certainement dangereux.
Caroline a une pelote en gomme.
Je voudrais bien en avoir une pareille.
Ma pelote ne saute plus bien haut.
Je vais acheter un beau livre neuf.
Puis je m'apprendrai à lire dedans.
Je veux qu'il y ait aussi des gravures.
Ce journal est peu intéressant.
Je sais compter déjà jusqu'à cent.
Ma tante pleure continuellement.
Ce Monsieur m'a donné un bel oiseau.
Cette épingle m'a fait saigner au bras.
L'autre soir je suis tombé sur le pavé.
Je m'étais butté dans une pierre.
J'ai encore une grosse bosse à la tête.
Charles ne veut plus de son cerceau.
Henri est méchant et sournois.
Mélanie me chicane toujours.
J'irai demain à la campagne.

Justine est une bonne ménagère.
Ma bonne me conduira à l'école.
Je ne veux plus être désobéissante.
Après le travail le plaisir.
Ce bon ouvrier est infatigable à l'ouvrage.
C'est demain dimanche.
Ce soir je m'amuserai avec Céline.
Guillot est un mauvais sujet.
C'est un tapageur continuel.
Valentin ne veut pas aller à l'école.
Il n'écoute jamais sa bonne mère.
L'autre jour son père lui a donné le fouet.
Depuis ce temps il est maussade.
Blaise, le jardinier, aime bien sa femme.
Gaspard est un petit polisson.
Michel ne se plaît qu'à battre tout le monde.
Le soleil ne s'est pas levé aujourd'hui.
La neige couvre les toits des maisons.
La pluie tombe depuis deux jours.
Benjamin n'est pas instruit.
Il ne sait pas son orthographe.
A peine sait-il lire et écrire.
Ce grand homme me fait peur.
J'aime bien les groseilles.
Je tâcherai de me procurer cet album.
Je veux étudier beaucoup de choses.
Ce grand sabre est tout rouillé.

Ces pistolets ne sont pas bons.
Ce militaire a une belle moustache.
J'irai voir la revue, lorsqu'elle aura lieu.
Cette lampe n'éclaire pas bien.
Paris est une grande et belle ville.
Léon est malade depuis huit jours.
Jacob désirerait être soldat.
Mon petit ami, je vous souhaite le bonsoir.
Ne veux-tu venir avec moi, Francis?
Comment trouves-tu cette corbeille de fleurs?
Cet enfant est toujours malproprement mis.
Gédéon a la figure remplie de croûtes.
C'est parce qu'il a toujours les mains sales.
Alphonse est un très-bon garçon.
Amédée est un petit indocile.
Sa maman l'a mis hier au pain sec.
Il a pleuré pendant plusieurs heures.
Mais on n'y a pas fait attention.
Samedi, Ambroise viendra me chercher.
J'irai avec lui chez ma tante.
Elle nous donnera des fruits à manger.
La fortune ne me sourit guère.
Dans cette ménagerie se trouve un éléphant.
Alexandre est un ami dévoué.
Marie aime les confitures.
Si vous savez bien lire, vous aurez un prix.
Il est beau d'être vertueux et sage.

LE GRAND LIVRET.

2	2	3	4	5	6	7	8	9	10	11	12	13	14	15	16	17	18
	4	6	8	10	12	14	16	18	20	22	24	26	28	30	32	34	36
3	2	3	4	5	6	7	8	9	10	11	12	13	14	15	16	17	18
	6	9	12	15	18	21	24	27	30	33	36	39	42	45	48	51	54
4	2	3	4	5	6	7	8	9	10	11	12	13	14	15	16	17	
	8	12	16	20	24	28	32	36	40	44	48	52	56	60	64	68	
5	2	3	4	5	6	7	8	9	10	11	12	13	14	15	16	17	
	10	15	20	25	30	35	40	45	50	55	60	65	70	75	80	85	
6	2	3	4	5	6	7	8	9	10	11	12	13	14	15	16	17	
	12	18	24	30	36	42	48	54	60	66	72	78	84	90	96	104	
7	2	3	4	5	6	7	8	9	10	11	12	13	14	15	16		
	14	21	28	35	42	49	56	63	70	77	84	91	98	105	112		
8	2	3	4	5	6	7	8	9	10	11	12	13	14	15			
	16	24	32	40	48	56	64	72	80	88	96	104	112	120			
9	2	3	4	5	6	7	8	9	10	11	12	13	14	15			
	18	27	36	45	54	63	72	81	90	99	108	117	126	135			
10	2	3	4	5	6	7	8	9	10	11	12	13	14	15			
	20	30	40	50	60	70	80	90	100	110	120	130	140	150			
11	2	3	4	5	6	7	8	9	10	11	12	13	14	15			
	22	33	44	55	66	77	88	99	110	121	132	143	154	165			
12	2	3	4	5	6	7	8	9	10	11	12	13	14	15			
	24	36	48	60	72	84	96	108	120	132	144	156	168	180			
13	2	3	4	5	6	7	8	9	10	11	12	13	14				
	26	39	52	65	78	91	104	117	130	143	156	169	182				
14	2	3	4	5	6	7	8	9	10	11	12	13	14				
	28	42	56	70	84	98	112	126	140	154	168	182	196				
15	2	3	4	5	6	7	8	9	10	11	12	13	14				
	30	45	60	75	90	105	120	135	150	165	180	195	210				
16	2	3	4	5	6	7	8	9	10	11	12	13	14				
	32	48	64	80	96	112	128	144	160	176	192	208	229				

Veut-on savoir combien font 6 fois 15, on pose le doigt sous le nombre 15 en grand chiffres, et, suivant la colonne transversale on s'arrête au nombre supérieur 6; le nombre qui se trouve au-dessous de celui-ci indique le produit cherché, qui est 90. On opère de même pour tous les autres nombres

www.ingramcontent.com/pod-product-compliance
Lightning Source LLC
Chambersburg PA
CBHW060911050426
42453CB00010B/1657